Yemen Proud

Past and Present

اليمن

الماضي والحاضر

Gamiel Yafai & Abdulalem Alshamery

جميل اليافعي و عبدالعالم الشميري

GILGAMESH
PUBLISHING LTD

Yemen Proud
by Gamiel Yafai
and Abdulalem Alshamery

Published by Gilgamesh Publishing

© Gilgamesh Publishing 2013

Printed and bound in Turkey
by Mega Print

British Library Cataloguing in Publication Data
A catalogue for this book is available from the British Library

ISBN: 978-1-908531-36-0

Yemen Proud

اليمن

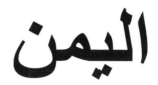

Contents

تصدير

ظلت بريطانيا لقرون عديدة دولة مهجر، ولكن على مدى القرن الماضي، كان غالبية هؤلاء الذين جاءوا ليتخذوا من هذه الجزيرة الصغيرة وطنًا لهم من الشعب اليمني، حيث كانت علاقة اليمن ببريطانيا علاقة وثيقة لاسيما من خلال ميناء عدن الهام. فلقد حظيت عدن بأهمية استراتيجية عززت العلاقات التجارية البريطانية مع آسيا والشرق الأوسط وأفريقيا، حيث ساهمت بشكل كبير في تقوية نفوذ بريطانيا وتوغلها في المنطقة، والأهم من ذلك مصالحها الصناعية مما جعل منها قوة اقتصادية عظمى.

لم تكن عدن ميناء بحريًا هامًا، تتلقى البضائع القادمة من جميع أنحاء العالم والمتجهة إلى بريطانيا وأوروبا، وتغذي الثورة الصناعية فقط، بل كانت جاذبة لليمنيين القادمين من القرى والذين كانوا يرغبون في نصيبهم في هذا المشروع الجديد الذي تم اكتشافه. ونتيجة لذلك انضم الكثيرون إلى البحرية التجارية للعمل كوقادين وبنائين، وكانت هذه هي بداية حياتهم في بريطانيا، حيث إنهم بمجرد أن ترسو السفن ذات يوم في موانئ كارديف، وتاين سايد،

وليفربول، وشرق لندن. ثم يبدءون من هناك في تأسيس حياتهم، والزواج من النساء المحليات، والاندماج في الحياة الاجتماعية المحلية. وبمجرد الشعور بالأمان، يبدءون في الإنتقال إلى مدن أخرى مثل مانشستر، وليدز، ونيو كاسل، ومدن منطقة ويست ميدلاندز لاسيما برمنجهام. وفي برمنجهام نجد أن الجالية اليمنية أحد أقدم الجاليات الموجودة في المدينة، كما أنهم أسهموا إسهامًا كبيرًا في التنمية الاقتصادية والثقافية للمدن المجاورة.

إنني أشعر بالفخر لمساندة هذا المشروع؛ لأنه يحتفل بتاريخ الجالية اليمنية، التي هي الآن في جيلها الرابع، تاركة إرثًا لنا وللأجيال القادمة من المساهمات النموذجية التي قدمها مؤسسوها.

الكنسلر جون كوتون
عضو الحكومة المحلية للمساواة الاجتماعية
مجلس مدينة برمنجهام
يونيو 2013

Foreword

Britain has for many centuries been a country of immigration, and, over the last century, many of those who have made this small island their home have come from Yemen. Yemen has had a close relationship with Britain, in particular through the important seaport of Aden. Aden was of strategic importance for Britain's trading links with Asia, the Middle East, and Africa, which contributed considerably to strengthening Britain's influence and reach in the region, and more importantly to its industrial interests, making it an economic superpower.

Aden was not only an important seaport, receiving cargo from all parts of the world destined for the ports of Britain and Europe, which would fuel the industrial revolution, but it attracted Yemenis from the villages, who wanted a share in this new found venture. Consequently, many joined the merchant navy, as stokers and jerrymen – this was the beginning of their life in Britain, for once ships docked at ports, such as Cardiff, Tyneside, Liverpool and East London, they would jump ship and take up work in British docklands. From there they established small settlements, married local women, and integrated into the local social landscape. Once secure they ventured inland, to the new cities of Bradford, Manchester, Leeds, Newcastle, and the towns and cities of the West Midlands, in particular Birmingham. In Birmingham the Yemenis are one of the oldest communities in the city, and they have made a major contribution to the economic and cultural development of our neighbourhoods.

I am proud to support this project because it celebrates the history of the Yemeni community, which is now in its fourth generation, and leaves a legacy for us and future generations of the exemplary contribution made by its founders.

Councillor John Cotton,
Cabinet Member for Social Cohesion and Equalities,
Birmingham City Council. June 2013.

مقـــدمـة

اليمـن: الحاضر والماضي، هو تعريف مبسط لتاريخ العلاقات اليمنية البريطانية، ذات البعد السياسي، والثقافي، والاقتصادي، والاجتماعي. فقد كان الفصل الأول لنشأة تلك العلاقات للموقع الجغرافي المتميز على خاصرة المحيط الهندي، ومدخل باب المندب، وكان الفصل الثاني لتدفق أوائل البحارة اليمنيين الذين استوطنوا فيما بعد مدن السواحل البريطانية واندمجوا داخل المجتمع البريطاني، وتبعهم عشرات الآلاف من اليمنيين للعمل في المصانع البريطانية.

وقد بدأت فكرة مشروع هذا الكتاب منذمطلع سنة 2011م عندما التقينا في مدينة برمنجهام ولكل منا قصص مثيرة، وتجارب جميلة، منها أن أحدنا وهو: جميل اليافعي، الذي انقطعت علاقته بجذوره في اليمن منذ ثمانية وعشرين عامًا، والثاني عبد العالم الشميري والذي لديه ثمانية عشر عاما من الخبرة الواسعة بالمجتمع البريطاني والجالية اليمينة ، تلك الخبرات جعلتنا نتطلع لتسليط الضوء على هذا الموضوع من خلال هذا التعريف.

تعدُ الجالية اليمنية جزءًا من المجتمع البريطاني منذ عام 1890م وهي بذلك من أقدم الأقليات العربية التي استقرت بالمملكة المتحدة. وكثير منهم شاركوا في الحربين العالميتين الأولى والثانية من أجل بريطانيا، واستشهد منهم في الحربين عدد غير قليل. كما أسهموا بفاعلية في حياة المجتمع البريطاني بالكثير من الوسائل الأخرى؛ لذا فهم يشعرون بالفخر بما قدموه.

ونعترف للجالية اليمنية في جميع مدن بريطانيا بالفضل لمساعدتنا بالكثير من المعلومات، وبالصور الفوتوغرافية، فضلا عما حكوه لنا من القصص الرائعة، ويعود الفضل لإسهامات المصورين الرائعين مثل: أمين الغابري، يسرا أحمد، وسونيا العوذلي، وبيتر فراير، وتيم سميث، وعديلة غلام راسوود، وبات وتشالز آيثي والمترجمة عبير علام وغيرهم كثير، وبدعم وتشجيع من مجلس مدينة برمنجهام، ومحافظتي ساندويل ودُدلي.

نفخر بأن نكون قدمنا مشروعا مفيدا.

جميل اليافعي وعبد العالم الشميري

Introduction

Yemen Proud is an introduction to the rich history of Yemen and the strong relationship between the Yemenis and Britain. It gives the reader an insight into Yemen's opulent past, guides them through the turbulent early days when Yemeni sailors first immigrated to Britain, then leads them through the integration of Yemeni communities into British society today.

This project was started two and half years ago when Gamiel, who had no involvement with his ancestral roots since leaving the Yemeni Community some twenty-eight years ago, and Abdulalem, who has eighteen years experience within the British Yemeni community, first met in Birmingham and decided there was a need for a book to support the Yemeni youth and help to bring visibility to British Yemenis. *Yemen Proud* started off as a small handbook to engage British Yemenis with their rich history and ancestry, but has turned into a book that we hope will not only engage the Yemeni Community but anyone who is interested in the Yemen and its culture.

The Yemeni community has been a part of British society since the late 1890s and was one of the first Muslim communities to settle here. They have lived here almost invisibly for over 100 years, fighting for Britain in both world wars and contributing to British society in many other ways. They should be proud of their achievements.

Yemen Proud would not have come together without the help and support of Yemeni Communities across Britain who provided photographs and told us fantastic stories; the many contributors of great photographs such as Ameen Alghabri, Yusra Ahmad, Sonia Audhali, Peter Fryer, Tim Smith, Adila Golam Rassoude, Pat & Charles Aithie and many others; and the support of Birmingham City Council, Sandwell and Dudley Councils. Our translator Abeer Allam and many others; and the support of Yemen Tourism.

We are proud to have been part of this project.

Gamiel Yafai & Abdulalem Alshamery

أقدم الحضارات المدنية على وجه الأرض

تعد اليمن أقدم موطن للحضارات المدنية على وجه الأرض؛ لأن السلالة السامية المنحدرة من سام بن نوح نبي الله عُرفت على أرض اليمن قبل عصر الحضارة الكنعانية والكلدانية في العراق، والحضارة الآشورية في الشام، وقبل الحضارة الفرعونية في بلاد مصر والسودان. فقد استوطنت اليمنَ الدياناتُ السماوية القديمة ابتداءً من "ثمود" الكائنة في صحراء حضرموت ونبيها "صالح"، ثم بلاد سبأ التي تأتي من سلالة النبي "هود" وابنه قحطان جد العرب الأوائل، وهذه الحضارات سبقت عصر الحضارات الأخرى التي أرسل إليها السيد الخليل إبراهيم أبو الأنبياء في بلاد العراق والشام ومصر. وقديما كانت اليمن أهم معابر التجارة العالمية التي تربط بين الشرق والغرب، فقد كانت معبرا للقوافل المحملة بالعود والبخور والتوابل من بلاد الهند إلى بلاد الشام وإفريقيا وسواحل المتوسط. وكانت حركة التجارة تمثل موردًا اقتصاديًّا كبيرًا لسكان الجزيرة العربية، وفي اليمن نشأت اللغة العربية القديمة التي تطورت عبر العصور، ثم أصبحت لغة الديانة الإسلامية، ثم قومية عربية تنتمي إليها 22 دولة من أعضاء الجمعية العامة للأمم المتحدة، وقد قامت عليها 4 حضارات قديمة شيدت معالم لا تزال قائمة على أرض اليمن، والأربع الحضارات عتيدة قوية، أولها الحضارة المعينية، التي كانت عاصمتها مدينة الحزم من محافظة الجوف قبل الميلاد بـ 2000 سنة تقريبا، ومن أشهر معالم تلك الحضارة الماثلة آثارها حتى اليوم حصن براقش في محافظة مأرب، وقد سقطت تلك الحضارة بحروب شنها ضدها السبئيون الذين أقاموا حضارة ضاربة وجيشا عظيما وبنوا سد مأرب التاريخي، ولهم في الكتب السماوية المقدسة أخبار وأسفار، وكانت تلك الحضارة السبئية قد نشأت قبل الميلاد بـ 1500 سنة، وعاصرت في أواخر أيامها النبي سليمان بن داود قبل الميلاد بحوالي 1000 سنة تقريبا، وعندما ضعفت قوتها بسبب انفجار سد مأرب العظيم وسحق المدينة وقصورها ومعابدها، تمكنت الدولة القتبانية من إقامة حضارة ودولة لخمسمائة عام قبل الميلاد تقريبا، وامتدت من بلاد شبوة حتى مضيق باب المندب، ولها في محافظة عدن وأبين، وشبوة وتعز، آثار ما زالت تراها الأعين، واستمرت حتى قامت الدولة الحميرية في مدينة صرواح، من محافظة مأرب بعد الميلاد أو بالتزامن معه، ودامت كأقوى دولة يحكمها "الأقيال" اليمنيون الذين ينحدرون من سلالة سبأ أيضا، وشيدوا حصونا كثيرة ثم اتخذوا من صنعاء حاضرة لهم وتمكنوا من إنهاء الحضارة القتبانية في جنوب اليمن، واستمروا حتى استولت الجيوش الحبشية على بلاد اليمن وقَتَلَت آخرَ ملوكها ذي نواس الحميري، الذي مارس أبشع أنواع التطرف والتعصب الديني، وأحرق المؤمنين بالمسيح عيسى في مدينة نجران، حيث وضعهم في أخدود "حفرة" وأشعل فيهم النار؛ لغرض إجبارهم على العودة للديانة اليهودية الدين الرسمي لدولة الحميريين. انتهت تلك العصور وتلك الحضارات بنهاية الدولة الحميرية حوالي 450م، ولم يبق الاحتلال الحبشي سوى 61 سنة تقريبا لتأتي جيوش الاحتلال الفارسي التي قدمت بعد استنجاد الأمير سيف بن يزن بالإمبراطورية الفارسية، التي أسقطت الاحتلال الحبشي، واستمر يحكم اليمن من صنعاء حتى ظهرت رسالة النبي محمد فأسلم اليمنيون، بما فيهم حكام اليمن من قبل الفرس.

Ancient Yemen

The history of Yemen stretches back over 3,000 years.

From about 1000 BC this region of the Southern Arabian Peninsula was ruled by three successive civilisations – Minaean, Sabaean and Himyarite.

Minaeans

The Minaeans (1200 to 650 BC) were the main incense traders producing aromatics such as myrrh and frankincense which were highly prized in the ancient civilized world. The Minaeans established their capital at Karna (Sadah), before they were superseded by the Sabaeans in 950 BC.

Sabean

The kingdom of Saba' (Sheba) was a large and prosperous kingdom ruled by Bilqis, the Queen of Sheba. The Sabaean capital was Ma'rib, where a large temple was built, but its reputation was gained for its efficient farming and extensive irrigation system built around a large dam constructed at Ma'rib. It provided irrigation for farmland and stood for over a millennium.

Himyarite

The Himyarites established their capital at Dhafar (now just a small village in the Ibb region) and gradually absorbed the Sabaean kingdom.

Because of their prominence and prosperity, the states and societies of ancient Yemen were collectively called Arabia Felix in Latin, meaning 'Happy Arabia'.

The Rise of Islam

Many events critical to the formation of Yemen and the Yemeni people occurred after 'The Islamic era' began in the 7th century. Yemeni were among the first soldiers of Islam, which spread rapidly from Mecca and Medina. Yemen was ruled by many Muslim Caliphs, mainly from a distance, which allowed Yemen to develop its own variant of Arab-Islamic culture and society in relative isolation.

Awam Temple in Marib, also know as 'The Throne of the Queen of Sheba' *(Image courtesy of Ameen Alghabri – www.gabreez.com)*

معبد اوام ويعرف حاليا بـ "عرش بلقيس". يقع في مدينة مارب.

Some of the remains of the Queen of Sheba's Throne *(Image courtesy of Yemeni Tourism Board)*

جانب من آثار عرش بلقيس.

Marib Dam. It was one of the oldest dams in the world and 'the greatest technical structure in antiquity'.
(Image courtesy of Yemeni Tourism Board)

يعتبر سد مأرب من أقدم سدود العالم وأعظم بناء هندسي في العصور القديمة.

The destruction of the dam destroyed the oasis nearby, causing a huge migration from the area to the north of the Arabian Peninsula
(Image courtesy of Yemeni Tourism Board)

إنهيار سد مارب الذي جرف ودمّر المدينة، كان سببا في الهجرة الجماعية للكثير من القبائل إلى شمال الجزيرة العربية وغيرها من المناطق.

The Grand Mosque in the Old City of Sana'a, one of the world earliest mosques *(Image courtesy of Yusra Ahmad)*

الجامع الكبير بصنعاء، يُقال أنه ثالث مسجد بُني في الإسلام. وقد تم بناؤه في السنة السادسة للهجرة.

Al-Janad Mosque in Taiz was built by the Prophet Mohammed's companion Mu'ath Bin Jabal *(Image courtesy of Ameen Alghabri. www.gabreez.com)*

جامع الجَنَد، يقع في منطقة الجند بمدينة تعز , بناه الصحابي معاذ بن جبل، عندما بعثه نبينا محمد (ص) ليعلم الناس أمور دينهم.

This house in Sana'a is a good example of the beautiful architecture Yemen is famous for *(Image courtesy of Yemeni Tourism Board)*

تتميز اليمن بفنها المعماري الفريد. توضح الصورة أعلاه، جمال الهندسة المعمارية في إحدى بيوت صنعاء.

The magnificent buildings in Yafa's villages in Lahj

الصورة أعلاه توضح الفن المعماري الذي تمتاز به قرى يافع في محافظة لحج.

The ancient Al-Hajrain village, now a popular tourist site, is built on a rocky hill overlooking Hadramout valley *(Images courtesy of Pat & Charles Aithie)*

بُنيت قرية الهجرين على مرتفع صخري يطل على وادي دوعن في حضرموت. وتعتبر من أقدم القرى في مدينة حضرموت ومن أهم المعالم السياحية فيها.

This type of architecture can be found in many villages in the northern parts of the country *(Image courtesy of Yemeni Tourism Board)*

هذا النوع من الفن المعماري تمتاز به العديد من قرى ومدن المناطق الشمالية.

Mocha coffee takes its name from Al-Mokha port, from which Yemen exported coffee to the rest of the world
(Image courtesy of Ameen Alghabri – www.gabreez.com)

عُرفت اليمن بزراعة البُن وتصديره إلى العالم عبر ميناء المخاء بكميات كبيرة. ومن هنا جاءت تسميت "موكا كوفي" الشهير.

Yemen coffee is still grown in high narrow valleys and steep mountain slopes *(Images courtesy of Pat & Charles Aithie)*

تشتهر اليمن بزراعة الُبن حتى اليوم، و يُزرع في السهول والجبال المرتفعة.

مدنٌ يمنية ضمن قائمة التراث الإنساني العالمي

تتميز اليمن عن الكثير من غيرها من بلدان العالم بعراقة التاريخ وقدم الحضارة، فأينما ذهبت تجد للتاريخ القديم آثارًا ونقوشًا تدل على أهمية هذا البلد في غابر الزمان، مما جعل منظمة اليونسكو تصدر قرارات تضم بموجبها أربع مدن يمنية إلى قائمة التراث الإنساني العالمي.

مدينة صنعاء القديمة:

مدينة تحكي تاريخ اليمن وحضارته، وتعد من أقدم مدن العالم، سكنها الإنسان اليمني منذ أكثر من 2500 سنة، تتميز بجمال فنها المعماري الفريد، يحيطها سور من جميع الجهات، وكان لها سبعة أبوب، لم يبق منها إلا باب اليمن الذي يقع في الجهة الجنوبية من المدينة. كما تعد أسواقها الشعبية التقليدية من أبرز ما يميزها، ومبانيها المتشابهة وأزقتها الضيقة تشعرك بعراقة التاريخ والمكان. يوجد بها حوالي 6000 مسكن. وقد ضمتها منظمة اليونسكو إلى القائمة عام 1986.

شبام حضرموت:

شبام، مدينة مسوّرة تقع في الجزء الشرقي من اليمن. تتميز شبام حضرموت بمبانيها الطينية العالية المتراصة بإتقان. كما يوجد بها أقدم ناطحات سحاب طينية في العالم، وقد أُطلق عليها اسم "منهاتن الصحراء" لارتفاع مبانيها. يعود تاريخها إلى ما قبل القرن السادس عشر للميلاد.

جزيرة سُقُطْرَى:

سقطرى جزيرة يمنية تقع في المحيط الهندي، تتميز بسواحلها الجميلة وندرة نباتاتها المتنوعة. وقد أصبحت سقطرى محمية طبيعة بسبب احتوائها على النباتات والحيوانات النادرة. تمتد شواطئها مسافة 300 ميل، تزينها رمال بيضاء تضفي عليها جمالا، وتنتشر شجرة دم الأخوين أو شجرة التنين في مرتفعات الجزيرة، والتي تتميز بها سقطرى عن غيرها.

زبيد:

تقع مدينة زبيد في الساحل التهامي الغربي لليمن، وتُعد أول مدينة إسلامية فيها. وبفضل جامعتها الإسلامية اكتسبت زبيد شهرة كبيرة في العالم العربي والإسلامي، كما أنها كانت عاصمةً لليمن وأهم مدنه. تضم المدينة العديد من المعالم الأثرية الإسلامية، كما يوجد بها جامع الأشاعر والذي يعد ثالث أقدم جامع بُني في اليمن. ونظرًا لمكانتها التاريخية فقد أصدرت منظمة اليونسكو قرارًا بضمها إلى قائمة التراث الإنساني العالمي عام 1993.

World Heritage Sites

The United Nations Educational, Scientific and Cultural Organisation (UNESCO) have compiled a list of World Heritage sites which is comprised of 962 properties that the World Heritage Committee consider as having cultural and natural heritage and outstanding universal value.

The Yemen has four of these sites – three, The Historic Town of Zabid, The Old City of Sana'a and the Old Walled City of Shibam, for their cultural significance and Socotra Archipelago for its natural beauty.

The Old City of Sana'a

Sana'a has been continually inhabited for more than 2,500 years. It has 103 Mosques, 14 hammams and over 6,000 houses that were all built before the 11th century which form its natural outstanding beauty and cultural significance. Sanaa's first mosque is considered to be the first mosques built outside of Mecca and Medina.

Shibam Hadramout

Shibam's 16th century wall surrounds one of the oldest and best examples of urban planning with its mud brick tower like building which give it the nick name of 'the Manhattan of the desert'. Shibam has some of the most beautiful urban architecture. The construction techniques are an expression of Arab and Muslim traditional culture

Socotra Archipelago

Socotra comprises of four islands and two rocky outcrops and is one of the most biodiversity rich and distinct islands in the world. 90% of its reptile species and 95% of its land snail species do not occur anywhere else in the world.

The Historic Town of Zabid

Zabid was the capital if Yemen between the 13th and 15th cent and played an important role in the Arab and Muslim world for many centuries by spreading Islam due to its Islamic university.

Its Great Mosque forms one of 86 Mosques which were manly built of brick with elaborate decorations and situated in the network for narrow alleys and tall buildings which give Zabid its natural outstanding beauty.

Sana'a is famous for its narrow alleys and decorated windows *(Image courtesy of Yemeni Tourism Board)*

تُعرف صنعاء القديمة بضيق أزقتها وزخرفة نوافذ مبانيها العالية.

In this walled city there are over 100 mosques and 6,000 buildings, all built before the 11th century *(Image courtesy of Ameen Alghabri - www.tahreez.com)*

بداخل هذه المدينة المسوّرة، يوجد أكثر من 100 مسجد و6000 مسكن تعود إلى ما قبل القرن الحادي عشر.

The Old City of Sana'a is Yemen's most famous attraction. It contains thousands of mud-brick buildings *(Image courtesy of Yusra Ahmad)*

تعتبر صنعاء القديمة من أشهر المناطق جذباً للسياح في اليمن، وتشتهر بمبانيها الكثيرة المبنية من الطين.

The Old city of Sana'a is famous for its traditional markets and *hammams* (Steam Baths) *(image courtesy of Yemeni Tourism Board)*

تُعرف صنعاء القديمة بأسواقها الشعبية وحماماتها البخارية التقليدية.

Zabid is known as 'the City of Knowledge and Scholars'. Many students from the Islamic world came to the city for religious studies
(Image courtesy of Ameen Alghabri – www.gabreez.com)

تعرف زبيد بمدينة "العلم والعلماء". حيث كانت تستقبل العديد من طلاب الدراسات الإسلامية القادمين من العالم الإسلامي.

Zabid Castle is one of magnificent buildings in the old town *(Image courtesy of Yusra Ahmad)*

قلعة زبيد تعتبر من أهم وأكبر القلاع في المدينة.

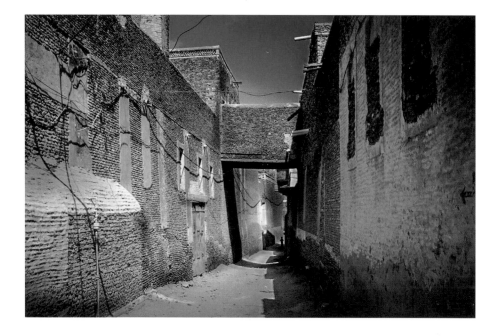

The narrow alleys of the old town in Zabid *(Image courtesy of Yusra Ahmad)*

الأزقة الضيفة في مدينة زبيد الأثرية.

Al-Iskandariya Mosque was built over 700 years ago. It became one of the most famous Islamic schools in Zabid
(Image courtesy of Ameen Alghabri – www.gabreez.com)

حـامع الأسكندريـة، أسـس، حوالـي، القرن السادس للهجرة وأصبح من، أهم المدارس الإسلامية في زبيد.

Shibam Hadramout contains the oldest Skyscrapers in the world made of mud *(Image courtesy of Ameen Alghabri – www.gabreez.com)*

شبام حضرموت، أقدم ناطحات سحاب في العالم مبنية من الطين.

Shibam is often called 'the Manhattan of the Desert' due to its tall buildings. (Image courtesy of Yemen Tourism Board)

يطلق عليها اسم " منهاتن الصحراء" بسبب ارتفاع مبانيها.

Socotra Island is famous for its white beaches, rare trees and animals *(Image courtesy of Yusra Ahmad)*

تشتهر جزيرة سقطرى بشواطئها ذات الرمال البيضاء بالإضافة إلى أشجارها وحيوناتها النادرة.

This Dragon's blood Tree is the most famous and distinctive plant in Socotra Island (image courtesy of Yusra Ahmad)

تُسمى بشجرة دم الأخوين أو شجرة التنين، تنتشر بكثافة في مرتفعات الجزيرة، وتعتبر من أهم ما يميز جزيرة سقطرى.

The Beauty of Socotra *(Image courtesy of Ameen Alghabri – www.gabreez.com)*

جمال الطبيعة في جزيرة سقطرى.

Socotra, the beauty of the virgin island *(Image courtesy of Ameen Alghabri – www.gabreez.com)*

جزيرة سقطرى. جمال الجزيرة العذراء.

مقدمة عن اليمن المعاصر

بدأ التاريخ اليمني السياسي الحديث في عام 1918م كما يقال، عندما حصل اليمن الشمالي على استقلاله التام عن الإمبراطورية العثمانية، لتدخل تحت حكم الإمامة (عائلة حميد الدين). وفي عام 1962م، قام الثوار بالإطاحة بالإمام أحمد بن يحيى وإقامة الجمهورية العربية اليمنية، مما أدى إلى اندلاع حرب أهلية بين الملكيين والجمهوريين. وفي الوقت ذاته، عجلت الحركة الثورية في عدن بنهاية الاحتلال البريطاني لجنوب اليمن، وفي 30 نوفمبر من عام 1967، تم تشكيل دولة جنوب اليمن، والتي أصبحت تعرف فيما بعد باسم جمهورية اليمن الشعبية الديمقراطية.

وفي 22 مايو 1990م، أُعلنت الوحدة بين جنوب وشمال اليمن لتصبح الجمهورية اليمنية.

وعلى الرغم من التغيرات الكثيرة التي شهدتها اليمن، إلا أن الصور التالية تظهر تمسك اليمن بجذورها الثقافية وتقاليدها الإسلامية.

Modern Yemen

The modern history of Yemen is said to have started in 1918, when North Yemen gained full independence from the Ottoman Empire, only to be ruled by the Imamate (Hamidaddin family). In 1962, revolutionaries deposed Imam Ahmed bin Yahya and established the Yemen Arab Republic, sparking a civil war between royalists and republicans. Meanwhile, the revolutionary movement in Aden hastened the end of the British occupation of South Yemen, and on the 30th of November 1967 the state of South Yemen was formed, which later became known as People's Democratic Republic of Yemen.

On the 22nd of May 1990, South and North Yemen united to become the Republic of Yemen.

Although Yemen has seen much change, the following photographs show how Yemen has stuck to its cultural roots and Islamic traditions.

Al-Mehdhar Mosque in Tarim is known for its magnificent 175-foot high minaret *(Image courtesy of Ameen Alghabri. www.gabreez.com)*

مسجد المحضار، يقع في تريم الغناء. يتميز المسجد بفنه المعماري البديع ومنارته الشامخة التي يبلغ ارتفاعها 175 قدما.

The newly built Al-Saleh Mosque, the largest in Sana'a, combines both Yemeni and Islamic architecture *(Image courtesy of Ameen Alghabri. www.gabreez.com)*

مسجد الصالح، أفتتح في نوفمبر 2008 في العاصمة صنعاء. جمع بين الفن المعماري اليمني وزخارف العمارة الإسلامية.

Al-Haswa Nature Reserve in Aden (*Image courtesy of Ameen Alghabri. www.gabreez.com*)

محمية الحسوة الطبيعية   عدن.

The Tawila Tanks are one of the most historical sites in Aden. They were designed to collect water and protect the city from periodic flooding
(Image courtesy of Ameen Alghubri. www.yabreez.com)

تُعد صهاريج عدن من أشهر المعالم التاريخية في المدينة. صُممت لتصريف مياه السيول وحماية المدينة من الفيضانات الموسمية.

Dar Al-Hajar (The Rock Palace), is another architectural masterpiece and tourist site in Sana'a *(Image courtesy of Ameen Alghabri. www.gabreez.com)*

تحفة معمارية ومزاراً سياحياً آخر، يقع دار الحجر في الشمال الغربي من العاصمة صنعاء.

Bab Al-Yaman (Yemen Gate), is a gateway to the secrets of the Old City of Sana'a *(Image courtesy of Photographer Yusra Ahmad)*

باب اليمن، بوابة تاريخية تكتشف من خلالها أسرار تاريخ صنعاء القديمة وعراقة المكان.

The Sultan Al-Kathiri Palace in Say'oun was the official residence of the Sultan. It now hosts a museum and a public library
(Image courtesy of Yemeni Tourism Board)

يقع قصر السلطان الكثيري وسط سيئون. اتخذه السلطان مقراً لإقامته، ويضم حالياً متحفاً للمصنوعات الحرفية ومكتبة عامة.

Al-Mukalla, the main sea port in Hadramout. People from this city spread Islam to many East Asian countries
(Image courtesy of Yemeni Tourism Board)

المكلا هي عاصمة محافظة حضرموت وميناؤها الرئيس. عُرف الحضارم بنشر الإسلام في العديد من شرق آسيا.

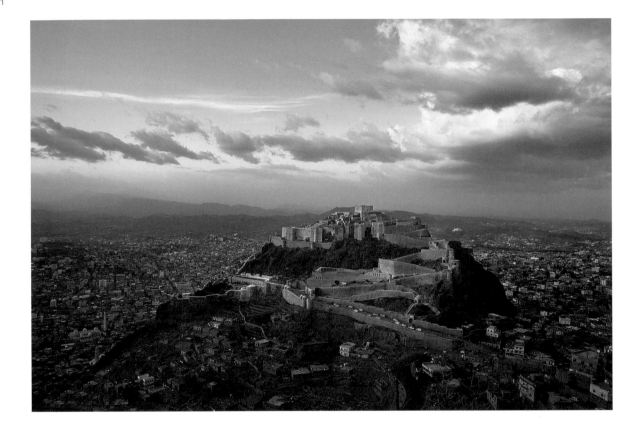

Al-Qahera Castle overlooks the city of Taiz from Saber mountain *(Image courtesy of Ameen Alghabri – www.gabreez.com)*

قلعة القاهرة أحد أهم معالم تعز السياحية، تطلع على المدينة من أعالي السفح الشمالي من جبل صبر وتعتبر معلماً تاريخياً وسياحياً هاما.

The City of Taiz, the Cultural Capital of Yemen, is often called the 'home of revolutions' *(Image courtesy of Yemeni Tourism Board)*

مدينة تعز، العاصمة الثقافية لليمن. يطلق عليها أيضاً إسم مدينة الثورات.

Shahara Bridge in Amran city was built to connect towns at the tops of the mountains *(Image courtesy of Yemeni Tourism Board)*

يقع جسر شهارة في محافظة عمران، شيد قبل اكثر من مائة عام للربط بين مناطق جبلي شهارة الفيش وشهارة الامير.

Shahara Bridge was built to fight the Turkish Invaders (Image courtesy of Yemeni Tourism Board)

بناه اليمنيون لمحاربة الغزو التركي.

Al-Masna'ah, in Al-Mahweet Governorate, is one of the oldest fortresses in Yemen *(Image courtesy of Yusra Ahmad)*

حصن المصنعة، واحد من أقدم الحصون اليمنية، ويع في محافظة المحويت.

Two boys standing on one of the highest mountains in Al-Mahweet (*Image courtesy of Ameen Alghabri. www.gabreez.com*)

يقف الولدان على قمة جبل من مدينة المحويت. وتعرف المدينة بجبالها التي تعانق الضباب.

Tihama is located in the west of Yemen on the Red Sea coast (*Image courtesy of Ameen Alghabri. www.gabreez.com*)

هكذا تبدو بيوت تهامة. تقع تهامة في الجهة الغربية لليمن على ساحل البحر الأحمر.

People of Tihama are known for their simplicity and hospitality. *(Image courtesy of Ameen Alghabri. www.gabreez.com)*

يمتاز الناس في تهامة ببساطتهم وكرم الضيافة.

Another village in Haraz *(Yemen Tourism Board)*

إحدى قرى حراز الجميلة

Villages rest on the high mountains in Haraz (Yemen Tourism Board)

قرى على سفوح الجبال المرتفعة في حراز.

الاحـتـلال البريطـانـي لعـدن

الموقع الجغرافي المتميز لليمن أعطاها حظوة في عيون الدولة البريطانية التي كانت زعيمة للعالم، والإمبراطورية لا تغرب عنها الشمس، بينما كانت الإمبراطورية العثمانية التركية، تشكل خلافة روحية، وزعيمة للعالم الاسلامي، وكان موقع اليمن الخلاب سببًا في أن يجعل منها دولة خاضعة للتنافس الدولي، وذات قيمة تجارية وعسكرية خاصة لعدة قرون.

ففي عام 1839م، كانت تركيا منشغلة بحروب أخرى في المجر وبلاد القوقاز، فانتهز ذلك الكابتن البحري البريطاني "س هينز" ومعه 700 رجل حطوا رحالهم في عدن كمقدمة لبسط نفوذ الوجود البريطاني على مدينة عدن، في عصر الملكة فيكتوريا، وكان حلم (هينز) لعدن أن تستعيد زهوها الاقتصادي عندما كانت تعرف بـ"عيـن اليمن" وتم مد سلك التلغراف الذي يربط بين بريطانيا والهند.

وزادت أهمية هذا الاستعمار لعدن بعد افتتاح قناة السويس المصرية عام 1869م حيث تحقق حلم هينز، فقد أصبحت عدن مركزا تجاريا رئيسا، وأصبح ميناء عدن من أكثر الموانئ ازدحامًا في العالم.

حيث أصبحت عدن محطة للتجارة العالمية بين الشرق والغرب، ومخازن استراتيجية لتزويد السفن العابرة للمحيطات بالوقود، والأغذية والمؤن؛ وهذا مما مهد الطريق أمام موجات كبيرة من المهاجرين اليمنيين للعمل في السفن البحرية والمصانع البريطانية.

فقد خلقت هذه الحركة التجارية والنهضة الصناعية الحديثة فرص عمل أمام العمال اليمنيين الذين تخصصوا بالأعمال الشاقة، مثل العمل في غرف الوقود على متن السفن وبحارة، وتعودوا السفر إلى العديد من الدول في جميع أنحاء العالم، واتخذوا من مدن الموانئ البريطانية مثل: ليفربول وسوانزي وهُلْ مستوطنات عمالية، واستقروا بها، وكانت هذه بداية تأسيس الجالية اليمنية في المملكة المتحدة البريطانية؛ لتصبح فيما بعد واحدة من أقدم الأقليات العربية الإسلامية في بريطانيا.

هذه المقدمة فيها تغييرات كبيرة

Occupation of Aden by the British

The Bridge: from Yemen to Britain

Yemen's geographical location has made it a valuable country for centuries and this proved fruitful for the British and for Yemenis who sought work on ships and eventually in Britain.

In 1839 Captain SB Haines and his 700 men landed in Aden. Haines knew the benefits of its strategic location for Britain, but he also dreamed of restoring Aden to its former glory days when it was known as the 'eye of the Yemen'. It was Queen Victoria's first imperial acquisition and proved its strategic worth when telegraph wires were laid linking Britain to India.

The opening of the Suez Canal in 1869 increased the significance of this acquisition, and Haines's vision of a prosperous, flourishing Aden was fulfilled. Aden became a major trading centre, making it one of the busiest ports in the world.

Aden became a major coaling station for ships that travelled from the Mediterranean to India and the Far East, opening the way for a new wave of Yemeni travellers.

This new industry created the opportunity for Yemenis to find new forms of work as stokers, levellers and sailors, travelling to many counties across the world. It was from the port of Aden that many Yemenis departed for port cities like Liverpool, South Shields and Cardiff, destined to establish themselves and become one of the first Muslim communities to settle in Britain.

Esplanade Road, Aden, in the late 1930s

صورة لمقر تجمع الإحتلال البريطاني في مدينة عدن

Captain S B Haines of the Indian Navy, who, in 1839, occupied Aden by force *(Image courtesy of Luscombe, S. 2012. 19th Century Timeline, britishempire.co.uk)*

صورة الكابتن هينس قائد الإحتلال البريطاني لمدينة عدن.

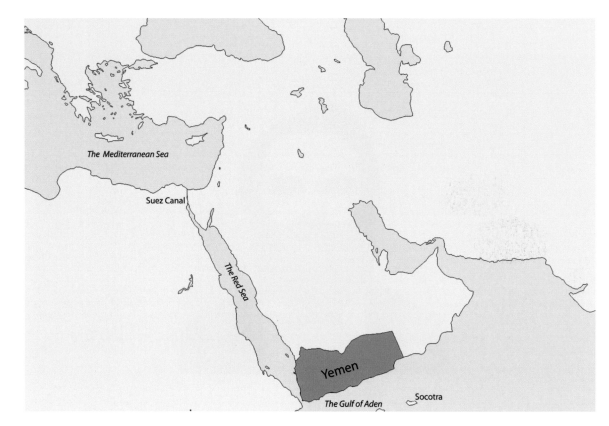

The strategic position of Yemen provides a gateway from the Mediterranean to the Indian Ocean

موقع اليمن الإستراتيجي، توضح الخارطة أهميته في ربط المتوسط بالمحيط الهندي

The Suez Canal at Ismailia, c. 1860

إفتتاح قناة السويس في العام 1860م.

The HMT *Euphrates* off the Saluting Bunder in Aden – later renamed The Prince of Wales Pier – from which Yemeni sailors departed for Britain
(Image courtesy of Peter Pickering and www.adenairways.com)

من هنا كانت الإنطلاقة الأولى للبحارة اليمنيين إلى بريطانيا

Tyne Dock, where many Yemeni sailors first set foot on British soil, c.1900 *(Image courtesy of Newcastle City Library)*

وهنا حطت رحالهم على الأراضي البريطانية للمرة الأولى. ميناء التاين.

يمنيو بريطانيا ورحلة التأسيس

منذ انهيار سد مأرب والدمار الهائل الذي خلفه، بدأ اليمنيون حياة التنقل والترحال من منطقة إلى أخرى بحثًا عن مصدر للعيش وحياة أفضل، فجابوا الأرض طولا وعرضا بحثًا عن حياة كريمة. تعايشوا خلالها في تلك المجتمعات وأصبحوا جزءًا لا يتجزأ منها، وعندما بدأ الاحتلال البريطاني لميناء عدن عام 1839م وتم افتتاح قناة السويس في مصر، أصبحت عدن من أهم موانئ العالم وازدادت حركة السفن التجارية التي كانت تمر عبر مينائها للتزود بالوقود. وحينها وجد اليمنيون من هذه الحركة التجارية مصدر رزق آخر، فعملوا على متن السفن التجارية التي كانت تنتقل من الهند إلى عدن، ومن ثم مواصلة الإبحار إلى الموانئ البريطانية والعكس، وهنا كانت بداية تأسيس الجالية اليمنية في بريطانيا.

وفي أواخر ستينات القرن التاسع عشر، وجد اليمنيون أنفسهم بلا سابق ميعاد في ميناء ساوث شيلدز البريطاني، والذي كان يعد من أكثر الموانئ البريطانية نشاطا في تلك الفترة، وبحكم العمل "بالورديات"، كان لابد لهؤلاء الرجال الذين لا يعرفون شيئًا عن المدينة ولا عن اللغة أن يبحثوا عن أماكن للسكن فيها. وكان ما يسمى بـ "النُزل" Boarding House منتشرة في الموانئ البريطانية لتلبية حاجتهم من مسكن ومطعم، وعندها وجد اليمنيون لهم مأوى، وبدأ توافد الكثير من اليمنيين على الموانئ البريطانية مثل كارديف وهُل وليفربول. وبدءوا في امتلاك نزلهم الخاصة بهم، والذي بات يعرف في أوساط اليمنيين بـ"الباردون"، وغالبا ما كان يتزوج مالك الباردون بامرأة بريطانية تساعده في إدارة النزل وبوابة يصل من خلالها إلى المجتمع البريطاني.

لاحظ أرباب السفن البريطانية إخلاص اليمنيين في العمل وتحملهم حرارة غرف الوقود ومشقة السفر، فبدءوا باستقطاب أعداد هائلة منهم إلى بريطانيا للعمل كبحارة والإقامة فيها. وعند اندلاع الحرب العالمية الأولى عمل اليمنيون على متن السفن الحربية واستشهد الكثير منهم، حتى قيل إن حوالي 800 من يمنيي مدينة ساوث شيلد وحدها قد استشهدوا في هذه الحرب. مشاركة البريطانيين في الحرب وغياب اليد العاملة، تطلب من أرباب السفن استقطاب المزيد من اليمنيين؛ ليتفاجأ البريطانيون العائدون من الحرب باستيلاء اليمنيين على معظم الوظائف... والنساء أيضًا، مما أثار حفيظتهم لتبدأ شرارة أول شغب عنصري عام 1919م وتستمر التوترات إلى 2 أغسطس 1930م؛ لتشهد مدينة ساوث شيلد أكبر أعمال عنف بين اليمنيين والبريطانيين، وتمتد إلى الموانئ البريطانية الأخرى، ويتم اعتقال الكثير من اليمنيين وترحيل بعضهم.

وفي منتصف ثلاثينيات القرن الماضي، وصل إلى بريطانيا الشيخ العلامة عبد الله علي الحكيمي، حيث وصل إلى مدينة ساوث شيلد، وقد رأى أن البعض من شباب الجالية في تلك الفترة قد ابتعد عن ثقافته الإسلامية، فقام الشيخ ومعه أبناء الجالية بتأسيس أول زاوية علاوية في ساوث شيلدز، وأسلم على يده الكثير من النساء البريطانيات اللواتي كن يعملن في "الباردون" أو متزوجات من يمنيي المدينة. وفي مدينة كارديف كان الشيخ حسن إسماعيل رحمه الله هو الآخر يحرص على تعليم الدين الإسلامي في أوساط اليمنيين، وبالعمل معًا أسس الشيخان زاوية علاوية أخرى في كارديف.
وعند انتهاء الحرب العالمية الثانية، كان لابد لليمنيين من البحث عن مصدر رزق آخر، خاصة بعد الركود الاقتصادي وانعدام العمل على متن السفن التجارية، فاتجهوا للبحث في مدن أخرى مثل برمنجهام وشفيلد ولندن وغيرها للعمل في مصانع الحديد؛ وبذلك تصبح الجالية اليمنية أقدم الأقليات الإسلامية في بريطانيا.

Yemenis in Britain

Although Yemenis have a rich history of travelling to all parts of the world, it wasn't until the occupation of Aden and the opening of the Suez Canal that Yemenis started to arrive and settle in Britain. Single men were away from their homes for many years at a time and they became the first permanent settlers. They arrived at many port towns and cities such as South Shields, Cardiff, Liverpool, and Hull.

Most of the new settlers came from farms in the Yemen. They found employment on steamers as firemen, stokers, levellers and above all, sailors. They worked in very poor conditions, more often than not in the hulls of ships. Yemeni workers were sought after because they were considered to be used to the heat, were hard workers and remained sober.

Yemenis set up boarding houses which served as meeting places where the local Yemeni community could gather and newly arrived Yemeni sailors could get advice and help finding work. Some of the men who ran the boarding houses took British wives and employed British women as domestics. These women played a major part in educating their husbands about British culture and helping with practical things such as completing paperwork and applying for jobs. Many of them converted to Islam and taught their children.

Yemeni sailors supported Britain in both the First and Second World Wars and many died in the process. They faced many challenges and inequality and had to fight hard to protect themselves, their wives, their jobs, and from the threat of deportation back to the Yemen. The riots of 1919 and 1930 were periods of great unrest and violence again Yemenis.

By the 1940's, the building of mosques, zaouias and the street parades were a focal point for Yemenis who had by this time integrated into British society.

Following the modernisation of ships from coal to oil and the decline in job opportunities, the Yemenis moved to industrial cities such as Birmingham, Sheffield, Manchester and the Black Country where they took jobs in the foundries and factories. Many opened shops, newsagents and cafés.

There are now thriving Yemeni communities in many parts of Britain. These communities have been built on the hard work and suffering of those early Yemeni settlers who paved the way for Yemenis in Britain today and created a legacy for all to be proud of.

Picture of Arab stokers taken from an early 1900s engraving *(Courtesy of Pat and Charles Aithie)*

صورة أخذت في بداية العام 1900م لعمال يمنيين على متن إحدى السفن أثناء العمل في غرفة الوقود.

A First World War Yemen soldier who fought for Britain, pictured with his wife in South Shields *(Courtesy of Peter Fryer)*
One of the early seamen to marry and settle in South Shields, pictured with his wife just before the First World War *(Courtesy of Shields Gazette)*

كان البحارة اليمنيون يتزوجون من بريطانيات ويستقرون في ساوث شيلدز. الصورة إلى اليمين ليمني مع زوجته قبيل الحرب العالمية الأولى .

Yemeni sailors and their children in South Shields *(Image courtesy of The Shields Gazette)*

مجموعة من البحارة اليمنيين وأطفالهم في مدينة ساوث شيلدز.

British wives receiving instruction in Islam in the 1930s. They played a huge role in supporting their husbands as they fought for their right to stay in Britain *(Image courtesy of The Shields Gazette)*

زوجات اليمنيين البريطانيات، أثناء تلقيهن تعاليم الدين الإسلامي في العام 1930م، وقد لعبن دورا بارزاً في مساندة أزواجهن للمطالبة بحقهم في العيش في بريطانيا.

Fighting for their rights – Arab seamen arrested by police during the so-called 'Arab riot' at the Mill Dam in South Shields
(Image courtesy of The Shields Gazette)

الشرطة تقتاد بعض المعتقلين اليمنيين المطالبين بحقوقهم. بعد أحداث ما بات يعرف بـ "الشغب العربي".

Groups of Yemenis stay together while the police keep a watchful eye at Mill Dam on Saturday 2nd August 1930 (*Image courtesy of The Shields Gazette*)

تراقب الشرطة تجمعاً للبحارة اليمنيين أثناء الشغب في أغسطس 1930م. وقد اندلعت المظاهرات بين البحارة اليمنيين والبريطانيين في منطقة ميل دام في ساوث شيلدز. أعتقل بعض اليمنيين على إثرها.

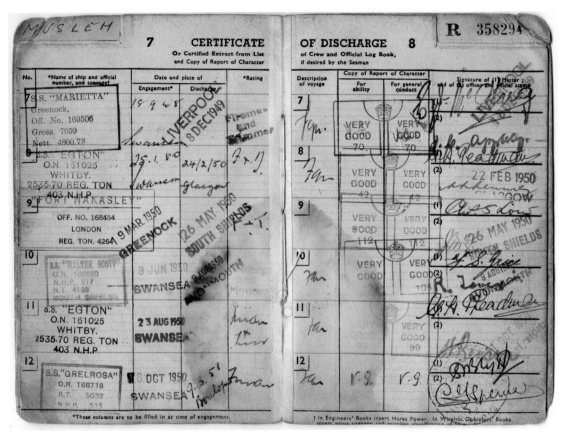

MUSLEH

R 358294

7 CERTIFICATE OF DISCHARGE 8

Or Certified Extract from List and Copy of Report of Character of Crew and Official Log Book, if desired by the Seaman

No.	*Name of ship and official number, and tonnage†	Date and place of Engagement*	Date and place of Discharge	*Rating	Description of voyage	Copy of Report of Character For ability	For general conduct	Signature of (1) Master; and of (2) officer and official stamp
7	S.S. "MARIETTA" Greenock, Off. No. 169506 Gross. 7059 Nett. 4800.73	Swansea	LIVERPOOL 8 DEC 1949	Fireman and Trimmer	For.	VERY GOOD 70	VERY GOOD 70	
8	S.S. "EGTON" O.N. 161025 WHITBY. 2535.70 REG. TON 403 N.H.P.	25.1.50 Swansea	24/2/50 Glasgow	F. & T.	For.	VERY GOOD 42	VERY GOOD 42	22 FEB 1950 GLASGOW
9	"FORT NAKASLEY" OFF. NO. 168454 LONDON REG. TON. 4264	9 MAR. 1950 GREENOCK	26 MAY 1950 SOUTH SHIELDS	F. & T.		VERY GOOD 112	VERY GOOD 112	26 MAY 1950 SOUTH SHIELDS
10	S.S. "WALTER SCOTT" O.N. 168650 N.H.P. 617 N.T. 4188 SOUTH SHIELDS	9 JUN 1950 SWANSEA	9 AUG 1950 MONMOUTH		For.	VERY GOOD 105	VERY GOOD 105	
11	S.S. "EGTON" O.N. 161025 WHITBY. 2535.70 REG. TON 403 N.H.P.	23 AUG 1950 SWANSEA			For.		VERY GOOD 99	
12	S.S."GRELROSA" O.N. 168718 R.T. 5032 N.H.P. 515	18 OCT 1950 SWANSEA				V.G.	V.G.	

*These columns are to be filled in at time of engagement.

† In Engineers' Books insert Horse Power. In Wireless Operators' Books insert gross tonnage and wireless classification of Ship.

The inside of the passbook of Mr A M Musleh, a Yemeni sailor from Cardiff, showing his travels around the British coastal ports

(Image courtesy of Pat and Charles Aithie)

وثيقة سفر للسيد مصلح من مدينة كارديف تظهر ختومات رسمية لمواني بريطانية عدة.

Aadahl	Richard William Gibson	112 Marsden Street.
Abat	Ahmed	57. Wilson Street.
Abat	Ahmed	35. Cuthbert Street
Abbot	James Norman	7. Trajan Street
Abdul	Abdulla	76 Cuthbert Street.
Abdul	Fakis	40 Portberry Street.
Abdul	Rajack	11 Church Way.
Abdulla	Nassir	11 Thrift Street.
Abdullah	Hassan	40 Portberry Street.
Abdullah	Hassen	7. Spring Lane.
Abdullah	Hamed	40 Portberry Street.
Abdullah	Naser Saleh.	120 Maxwell Street.
Achmed	Fakir	40 Portberry Street.
Adams	Andrew Ogle	39 Wetling Street
Adamson	Matthew Haslop.	29 Boldon Lane
Adamson	Walter Henry	3 Collingwood Terrace.
Adowa	Ali	42 Bytherne Street.
Ahmed	Abdullah	9. Spring Lane.
Ahmed	Ahmed Bin	4 Cornwallis Square
Ahmed	Ahmed Ben	212 Maxwell Street.
Ahmed	Ali	208. Maxwell Street.
Ahmed	Ali	22 Cuthbert Street.
Ahmed	Ali	75. Eldon Street
Ahmed	Ali	146. Tayyate Lane.
Ahmed	Ali Mohamed	65. Tayyate Lane
Ahmed	Hassan	40 Portberry Street.

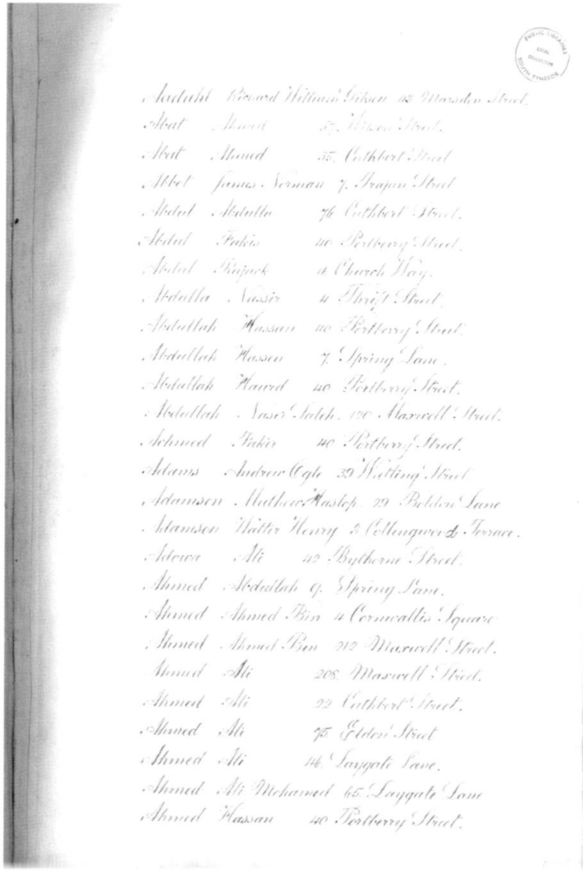

Roll of honour for those Yemeni sailors from South Shields who lost their lives in the Second World War *(Image courtesy of South Tyneside Libraries)*

قائمة "شرف النضال" تحمل أسماء اليمنيين الذين استشهدوا في الحرب العالمية الثانية.

Sheikh Abdullah Al-Hakimi who introduces the Zawiah (Mosque) into Britain with Sheikh Hassan Ismail in Cardiff *(Courtesy of Shields Gazette)*

هنا يقف الشيخان عبدالله علي الحكيمي وحسن إسماعيل مع مسؤولي المدينة كارديف.

To the left, Kaid Abdullah in National Fire Service during the world war II. Right: The Zawiah in South Sheilds opened by Sheikh Abdullah Al-Hakimi

(Courtesy of Shields Gazette)

إلى اليمنين: الزاوية العلاوية التي أسسها الشيخ عبدالله الحكيمي في ساوث شيلدز.

إلى اليسار: قائد عبدالله (يسار الصورة) أثناء عمله في المطافي خلال الحرب العالمية الثانية.

Yemeni boarding house in South Shields in 1934 *(© Crown Copyright: IWM)*

أشتهرت منطقة هولبورن في ساوث شيلد بانتشار "النزل الباردون" الذي كان يسكنه اليمنيون. الصورة لنُزل أبي زيد في العام 1934.

Muslim parade – end of Ramadan *(© Crown Copyright. IWM.)*

موكب ديني ليمنيي ساوث شيلدز إحتفاء بعيد الفطر.

Young Muslim girls learn about Islam as Mrs Fatima Sheir reads from the Koran in the home of Hussein, the Secretary to Sheikh Hassan Ismail *(© Crown Copyright. IWM.)*

تظهر الصورة أعلاه السيدة فاطمة عقيلة السيد حسين سكرتير الشيخ حسن اسماعيل، وهي تعلم بنات اليمنيين قراءة القرآن في منزلها الخاص في كارديف.

Mr and Mrs Thabeth 'sell everything from cabbages to candles'. Mrs Thabeth can be seen, along with Mrs Hassan feeding her baby son, Hamed *(© Crown Copyright. IWM.)*

السيد ثابت وزوجته يبيعون كل شيء في هذا الدكان، حيث، تظهر في الصورة زوجته ترضع إبنهما الصغير حامد

The Satar family relax at the table in their home in Butetown where Mr Abdul keeps a lodging house *(© Crown Copyright. IWM.)*

يجلس السيد عبدالستار مع عائلته في بيتهم بمنطقة "بيوت تاون في كارديف". وكان يملك نُزلاً يعيش فيه البحارة اليمنيين.

The interior of 'The Cairo', run by Ali Salaman, just visible in the doorway in the background, and his wife, serving at a table *(© Crown Copyright, IWM.)*

مقهى القاهرة، كان يملكه السيد علي سلمان، الواقف على الباب الخلفي في الصورة، وتساعده زوجته في تقديم الطلبات لزبائن المقهى.

Sheikh Hassam Ismail, the Imam of the Cardiff Mosque, prepares to enter the new Mosque *(© Crown Copyright. IWM.)*

يتقدم الشيخ حسن إسماعيل، إمام مسجد كارديف، لدخول المسجد الجديد أثناء افتتاحه.

A group of young Muslim boys, who will have the honour of leading the procession through Butetown, Cardiff to commemorate the opening of the new Mosque *(© Crown Copyright. IWM.)*

يتقدم أطفال مسلمي كارديف موكبَ الإحتفال الذي أقيم بمناسبة افتتاح المسجد.

Muhammad Ali and his new wife visiting South Shields to attend the local Mosque and have their wedding blessed by the Imam
(Image courtesy of The Shields Gazette)

الملاكم محمد علي كلاي أثناء زيارته جامع الأزهر في ساوث شيلدز لعقد قرانه في العام 1977م.

The Al Azhar Mosque was built in 1971 to satisfy the religious needs of South Shields' established Yemeni community
(Image courtesy of The Shields Gazette)

تم بناء جامع الأزهر في مدينة ساوث شيلدز في العام 1971 لممارسة الشعائر الدينية للجالية اليمنية ومسلمي المدينة.

George Oxley's Vulcan Foundry was one of the many factories that employed Yemeni men who moved from shovelling coal in the engine rooms of British ships to working in Britain's manufacturing industry, 1985 *(Courtesy of Tim Smith)*

عند انعدام الوظائف على متن السفن التجارية، اضطر اليمنيون للنزوح إلى المدن الصناعية بحثاً عن عمل في مصانع تلك المدن. الصورة لأحد العمال اليمنيين في مصنع George Oxley's في العالم 1985م.

Operating lifting gear at Thomas Clarke and Sons foundry in the Don Valley, Sheffield, 1984. Yemeni men were given many of the dirtiest, most poorly paid jobs in the British factories where they worked *(Courtesy of Tim Smith)*

أحد العمال اليمنيين يعمل في مصنع توماس كلارك في مدينة شفيلد، حيث كان اليمنيون
يقومون بأصعب الأعمال ويتقاضون أقل الأجور.

Yemeni worker taking a break *(Courtesy of Tim Smith)*

العمال اليمنيون أثناء الإستراحة من الأعمال الشاقة في أحد المصانع.

The Yemeni Boarding House in South Shields, as it looks today *(Image courtesy of Peter Fryer)*

أحد النُزل التي كان يسكنها اليمنيون، لازالت قائمة الى يومنا هذا في مدينة ساوث شيلدز.

The late Sheikh Said at prayer (© *National Museum of Wales*)

الشيخ سعيد حسن إسماعيل رحمه الله في المسجد الذي أسسه. وكان يُعتبر الشيخ أهم
شخصية إسلامية في مدينة كارديف.

The late Sheikh Said teaching Yemeni youth in Cardiff *(Image courtesy of Pat and Charles Aithie)*

الشيخ سعيد رحمه الله يعلم الأطفال اللغة العربية.

الجـالية اليمنية في المملكة المتحدة

بدأت الجالية اليمنية تشكل جزءًا من المجتمع البريطاني منذ أواخر القرن الثامن عشر، حيث استقرت في أوقات متفرقة في الماضي في العديد من المدن في مختلف أنحاء بريطانيا، بما في ذلك:

برمنجهام، ساندويل، دادلي، ليفربول، كينجستون أبون هل، لندن، مانشستر، روتردام، جلاسكو، ميدلسبره، نيوبورت، شيفيلد، ساوث شيلدز، سوانزي، برايتون.

فعلى مدى السنوات الـ 125 الماضية، نال اليمنيون في بريطانيا نصيبهم العادل من الارتفاع والهبوط، كما رأينا في الفصل الأخير من هذا الكتاب، وبالرغم من ذلك، أحرز اليمنيون في بريطانيا تقدمًا نهضويًا كبيرًا وتعليمًا عاليًا، حيث ازداد عدد اليمنيين الذين التحقوا بالجامعات أكثر من أي وقت مضى.

ولا يزال هناك فرص محتملة لشباب الجالية اليمنية في لعب أدوار هامة في المجتمع، حيث يعمل اليمنيون على تحسين المستقبل السياسي والاقتصادي والاجتماعي لهؤلاء الذين لم تتح لهم الفرص المتوفرة بعد. ولدينا في العديد من المدن التي تقطنها الجاليات اليمنية في بريطانيا الأطباء اليمنيون، والأساتذة، والصحفيون، والمدرسون والمحامون، والمهندسون المعماريون، والباحثون، والمصممون، وخبراء الموارد البشرية، وغيرها الكثير من المهن الأخرى. كما أن هناك أيضا عددًا متزايدًا من رجال الأعمال اليمنيين.

إن الإرث الذي تركه هؤلاء البحارة الذين استقروا في بريطانيا سنوات عديدة يزداد قيمة مع كل جيل جديد، كما أن الاس القصوى من هذا الإرث يمكن أن يحققه اليمنيون اليوم.

Yemeni Communities in Britain

Since the late 1800s Yemeni communities have formed part of British society. They have at one time or other passed through or settled in many towns and cities across Britain, including

Birmingham	South Shields
Brighton	Sandwell
Cardiff	Kingston upon Hull
Dudley	London
Liverpool	Rotherham
Manchester	Middlesbrough
Glasgow	Sheffield
Newport	Swansea

Over the last 125 years, Yemenis in Britain have experienced their fair share of highs and lows, as we have seen in the last chapter. However, great progress has been made in the advancement of Yemenis in Britain.

More Yemenis than ever before are going to University. There are more potential role models for Yemeni youth. Yemenis are working hard to improve the political, economic, social and technological futures for those who have not yet capitalised on available opportunities. In the many Yemeni communities of Britain we now have Yemeni doctors, professors, journalists, teachers, lawyers, architects, surveyors, designers, HR professionals and many other professions. There are also a growing number of Yemeni entrepreneurs.

The legacy left by those first seamen who settled in Britain many years ago has increased in value with every generation. The full potential of this inheritance can now be realised by Yemenis today.

The last of the Yemeni sailors (Dictionary Men) enjoying traditional British fish and chips *(Image courtesy of Tina Gharavi)*

أحد البحارة القدامى يتناول الوجبة البريطانية التقليدية "السمك والبطاطس".

The last of the Yemeni sailors (Dictionary Men) in South Shields *(Image courtesy of Tina Gharavi)*

آخر رجال القاموس في مدينة ساوث شيلدز. آخر البحارة اليمنيين في المدينة.

Yemeni children at school in Sheffield *(Image courtesy of the YCA, Sheffield)*

أطفال الجالية اليمنية في مدينة شفيلد. يتلقون دروسا في اللغة العربية.

Yemeni Youth in Sheffield *(Image courtesy of the YCA- Sheffield)*

شباب الجالية اليمنية في شفيلد في اللباس التقليدي اليمني.

Yemeni youth in Cardiff having a good time *(Image courtesy of the Yemeni Community Centre, Cardiff)*

أطفال الجالية اليمنية في كارديف.

Jamie Oliver visits the Cardiff Yemeni Centre to sample Yemeni cooking *(Image Courtesy of Yemeni Community Centre Cardiff)*

الشيف البريطاني المعروف " جيمي أوليفر" يزور الجالية اليمنية في كارديف ليتعرف على الوجبات اليمنية التقليدية وطباختها.

Boy praying before a football match *(Image courtesy of Sonia Audhali www.soniasphotography.com)*

أحد الشباب اليمنيين، يؤدي الصلاة قبل بداية المباراة.

A young Yemeni boy dressed in traditional clothing at an event *(Image courtesy of Sonia Audhali www.soniasphotography.com)*

طفل يمني يرتدي اللباس التقليدي.

Koran lesson in Sandwell, April 2012 (*Image courtesy of Sonia Audhali www.soniasphotography.com*)

درسٌ في تعلم القرآن الكريم في مبنى الجالية اليمنية في ساندول.

Souad Abdulla, founder of the Arab Women's Association, cooking at her home in Small Heath, May 2012
(*Image courtesy of Sonia Audhali www.soniasphotography.com*)

سعاد عبدالله، رئيس جمعية النساء العرب، أثناء طباخة الوجبات اليمنية في منزلها بمنطقة "إسمول هيث".

Traditional Yemeni dancing in Manchester *(Image Courtesy of Yemeni Community Association Manchester)*

شباب الجالية اليمنية في مانشستر يمارسون الرقص الشعبي.

Yemeni children in Manchester pose for the camera *(Image Courtesy of Yemeni Community Association Manchester)*

طفلان يمنيان يرتديان اللباس اليمني.

Group of Yemeni men pictured outside Liverpool Arabic Centre with Lebanese singer Marcel Khalife
(Image Courtesy of Liverpool Arabic Centre)

يمنيون يقون إلى جانب الفنان اللبناني مارسيل خليفة أمام المركز العربي بمدينة ليفربول.

Musicians and dancers at the Liverpool Arab Arts Festival *(Image Courtesy of Liverpool Arabic Centre)*

فرقة موسيقي أثناء المهرجان الثقافي العربي في ليفربول

Men exercising in the YCA   *(Image courtesy Yemeni Community Association Manchester) (Image courtesy of Sonia Audhali www.soniasphotography.com)*

وللرياضة طقوسها ورجالها. رجال الجالية اليمنية في ساندول.

Funeral of Dennis Bayliss, Brierley Hill Cemetery, 2012. Ragih Muflihi, founder of the Yemeni Community Centre Association in Sandwell, was left in charge of his will *(Image courtesy of Sonia Audhali www.soniasphotography.com)*

جنازة السيد دينس بايليس رحمه الله مسلم بريطاني. عاش في ساندول وكان راجح المفلحي الشخص المقرب إليه. وأوصى أن يُقبر في مقبرة مسلمي المدينة.

The proposed new Yemeni Centre for Halesowen and Dudley *(Image courtesy the Halesowen and Dudley YCA)*

صورة ثلاثية الأبعاد لمشروع المركز الثقافي، والذي تنوي الجالية اليمنية في مدينة هيلزوين إنشاؤه.

Yemeni youth celebrate winning a football trophy in Halesowen *(Image courtesy of the Halesowen and Dudley YCA)*

فريق كرة القدم ليمنيي مدينة هيلزوين.

الربيـــع العـربي

شهد عام 2011م تغيرًا تاريخيًّا في الحياة السياسية في الشرق الأوسط، عندما نزل عامة الناس إلى الشوارع بأعداد ضخمة مطالبين بإصلاحات سياسية واجتماعية، ومطالبين رؤساءهم الذين حكموهم لفترات طويلة بالتنحي، حيث بدأت موجة الاحتجاجات في تونس وامتدت إلى العديد من الدول العربية، بما في ذلك اليمن.

وفي شهر فبراير من عام 2011م، نزلت مجموعات من الشباب اليمني في مظاهرات سلمية في مدينتي تعز وصنعاء للمطالبة بتنحي الرئيس في ذلك الحين علي عبد الله صالح، الذي حكم البلاد لمدة ثلاثة وثلاثين عامًا، وأعقبتها المظاهرات في المدن الأخرى؛ لتصبح واحدة من أكبر حركات الاحتجاج التي لم تشهدها اليمن من قبل، واستمرت المظاهرات حتى 23 نوفمبر 2011م عندما انضمت أحزاب المعارضة إلى الحزب الحاكم في التوقيع على ما أطلق عليه "المبادرة الخليجية"، حيث وافق الرئيس السابق علي عبد الله صالح على التنحي وتسليم السلطة إلى نائبه عبد ربه منصور هادي، وتم تشكيل حكومة مصالحة وطنية لفترة انتقالية مدتها عامان.

وفي أكتوبر عام 2011م ، أعلنت لجنة جائزة نوبل منح كرمان توكل جائزة نوبل للسلام مشاركة، وتوكل: هي ناشطة يمنية لعبت دورًا محوريًّا في مظاهرات 2011م، وقد اختارتها لجنة جائزة نوبل اعترافًا بقيادتها ونضالها ضد الاضطهاد.

The Arab Spring

The year 2011 witnessed a historical change in political life in the Middle East, when ordinary people flooded the streets demanding political and social reforms and calling for their long-ruling presidents to step down. The wave of protests started in Tunisia and spread to many Arab countries, including Yemen.

In January of 2011 small groups of Yemeni youths gathered in nonviolent demonstrations in the cities of Taiz and Sana'a to demand the resignation of then president, Ali Abdullah Saleh, who ruled the country for 33 years. Demonstrations in other cities followed, and it became one of the largest protest movements Yemen has ever seen. The protests lasted until the 23rd of November 2011, when the opposition party joined the ruling party in signing the so called 'Gulf Initiative'. President Saleh agreed to step down and transferred power to his Vice President Abd Rabbuh Mansour Hadi. A National Reconciliation Government was formed for a two-year transitional Period.

In October 2011 the Nobel Prize committee announced Tawakkul Karman as a co-recipient of the Nobel Peace Prize. Tawakkul is a Yemeni activist who played a major role in the 2011 protest. She was chosen by the Nobel Prize committee to acknowledge her leadership and struggle against oppression.

A peaceful march on the 60-Meter Road in Sana'a in 2011 *(Image Courtesy of Photographer Yusra Ahmad)*

مسيرة سلمية في شارع الستين بصنعاء أثناء الثورة في العام 2011.

Yemeni Revolution – a child with a painted face raises the sign of victory *(Image Courtesy of Photographer Yusra Ahmad)*

فتاة يمنية أثناء الثورة تشير بعلامة النصر.

A child holds ribbons in the colours of the Yemeni flag in one hand, and flowers in the other to symbolise the peaceful revolution
(Image Courtesy of Photographer Yusra Ahmad)

طفل يحمل العلم اليمني بيد و وردة في اليد الاخرى اثناء التظاهرات

Nobel Peace Prize winner Tawakkul Karman *(Image Courtesy of Photographer Yusra Ahmad)*

توكل كرمان، الحائزة على جائزة نوبل للسلام.

Yemeni Community Organisations

CARDIFF YEMENI COMMUNITY CENTRE
Alice Street
Butetown
Cardiff
CF10 5LB

HALESOWEN / DUDLEY YEMENI COMMUNITY ASSOCIATION
HIGHFIELD LANE
HALESOWEN
B63 4SG
0121 585 1261
www.yca-halesowen.org.uk

MERSEYSIDE YEMENI COMMUNITY ASSOCIATION
113-115 BEAUMONT STREET
LIVERPOOL
L8 0UZ
0151 7076622
m-y-c-a@hotmail.com

THE ROTHERHAM YEMENI COMMUNITY ASSSOCIATION
35 HATHERLEY ROAD
ROTHERHAM
SOUTH YORKSHIRE
S65 1RX
01709 821871
ryca@btconnect.com
www.ryca.org.uk

YEMENI COMMUNITY ASSOCIATION – LIVERPOOL
113-115 BEAUMONT STREET
LIVERPOOL
L8 0UZ
01517344965

YEMENI COMMUNITY ASSOCIATION (BIRMINGHAM)
UNIT 7 D B
HIGHGATE BUSINESS CENTRE
LADYPOOL ROAD
SPARKBROOK
BIRMINGHAM
0121 773 1749
0788186283
www.yca-birmingham.org.uk
info@yca-birmingham.org.uk
alshamiri@mail.com

YEMENI COMMUNITY ASSOCIATION (SHEFFIELD) LIMITED
20 DANIEL HILL
SHEFFIELD
S6 3JF
0114 2662103
07780686720
ycasheffield.co.uk
admin@ycasheffield.co.uk
oscarnews4me@yahoo.co.uk

YEMENI COMMUNITY ASSOCIATION IN GREATER MANCHESTER
1 GLADSTONE ROAD
ECCLES
MANCHESTER
M30 0WY
0161 7077012
info@yca-manchester.org.uk
www.yca-manchester.org.uk

YEMENI COMMUNITY ASSOCIATION LONDON
FLAT 50 MILES BUILDINGS
PENFOLD PLACE
LONDON
NW1 6RG
07852516694
ycalondon@gmail.com

YEMENI ELDERS SMALL HEATH & SPARKBROOK
503 COVENTRY ROAD
SMALL HEATH
BIRMINGHAM
B10 0LL
0121 772 6860
yemeni_elderly@btconnect.com

BRITISH YEMENI FORUM
102 EDWARD ROAD
BALSALL HEATH
BIRMINGHAM
WEST MIDLANDS
B12 9LS
0121 446 5330
britishyemeniforum@yahoo.co.uk

BRITISH YEMENI SOCIETY
LITTLE ORMESBY HALL
ORMESBY
GREAT YARMOUTH
NR29 3LQ
01493 730303
jpfmason@aol.com
www.al-bab.com/bys/

YAFA WELFARE ASSOCIATION IN WEST MIDLANDS
393 COVENTRY ROAD
SMALL HEATH
BIRMINGHAM
B10 0SP
0121 772 7602
admin@yafawelfare.org.uk
www.yafawelfare.org.uk

INDEPENDENT YEMEN GROUP
07738 762636
info@independentyemengroup.co.uk

YEMEN RELIEF AND DEVELOPMENT FORUM
ZAKAT HOUSE
233 SHAFTESBURY AVENUE
LONDON
WC2H 8EE
2078457623
info@yrdf.org.uk
www.yrdf.org.uk

Al-NISAA
GREETS GREEN ACCESS CENTRE
TILDASLEY STREET
WEST BROMWICH
B70 9SJ
0121 525 3909
info@yca-sandwell.org.uk

SOUTH TYNESIDE YEMENI ARAB COMMUNITY WELFARE ASSOCIATION
Flat 1 Yemen School
Trinity Walk
South shields
NE33 5RU
O7886800159

YEMENI COMMUNITY ASSOCIATION IN SANDWELL LIMITED
GREETS GREEN ACCESS CENTRE
TILDASLEY STREET
WEST BROMWICH
B70 9SJ
0121 525 3909
info@yca-sandwell.org.uk

LIVERPOOL ARABIC ARTS FESTIVAL
RAZANNE CARMEY
THE BLUECOAT
SCHOOL LANE
L1 3BX
0151 702 7764
INFO@ARABICARTSFESTIVAL.CO.UK
www.arabicartsfestival.co.uk

LIVERPOOL ARABIC CENTRE
163 LODGE LANE
LIVERPOOL
L8 0QQ
0151 734 0550
info@liverpoolarabiccentre.org.uk
www.liverpoolarabiccentre.org.uk

THE MUATH TRUST
THE BORDESLEY CENTRE
STRATFORD ROAD
SPARKHILL
BIRMINGHAM
B11 1AR
0121 753 0297
admin@muathtrust.org
www.muathtrust.org

MUSLIM HANDS
148 Gregory Boulevard
Nottingham
NG7 5JE
Tel: 0115 911 7222
ww.muslimhands.org.uk

We would like to thank the following sponsors

Diversity
Marketplace

 Sandwell
Metropolitan Borough Council

 Birmingham City Council

MUSLIM HANDS
· UNITED FOR THE NEEDY ·

 صوت اليمن
www.yemenvoice.net

 Dudley
Metropolitan Borough Council

 YEMEN
TOURISM